Mark Sarg

Der graziöse Mord

Mark Sarg

Der graziöse Mord

Bizarre Kurzgeschichten

Goldene Rakete Verlag für Belletristik

Cover image: www.ingimage.com

Publisher:
Goldene Rakete Verlag für Belletristik
is a trademark of
International Book Market Service Ltd., member of OmniScriptum Publishing Group
17 Meldrum Street, Beau Bassin 71504, Mauritius

Printed at: see last page
ISBN: 978-620-0-51889-7

INHALTSVERZEICHNIS

DER DÜPIERTE TOD

„Erholen Sie sich bloß nicht, denn ich komme wieder und desto rascher ist es dann vorbei!", beendete der Tod – nicht ohne Vorfreude – sein „Vorstellungsgespräch" beim dahindarbenden Hofrat Bernardino Malzheimer.

Doch ganz entgegen dieser Anweisung erholte der sich nicht nur sehr rasch und prächtig – sondern tat auch noch dessen ungeachtet das schier Un***fass***bare: Er kam seinem unerwünschten Begleiter zuvor – und glitt ***ohne*** ihn ins Jenseits hinüber!

Daraus klüger, stellt der Tod seither ***niemandem*** mehr sein Erscheinen in Aussicht. Er lässt die Leute vielmehr im Glauben, sie blieben von ihm verschont …

DIE LEICHT ERREGBARE LEICHE

Seit jeher überaus reizbar, hatte sich Hofrätin Anneliese Vorderzopf nunmehr ganz auf die ***Friedhofsbesucher*** eingeschossen, deren ständiges Kommen und Gehen ihr zutiefst missfiel:

„Nicht mal da hat man seine verdiente Ruhe! Die sollen gefälligst warten, bis sie ***selber*** an der Reihe sind, anstatt schon ***vor der Zeit*** hier hektisch herumzuscharwenzeln!“

DIE SCHWER ERREGBARE LEICHE

Baron Hannibal Mondkropf war so phlegmatisch in seinem neuen Zustande, dass ihn wirklich kaum etwas aus der Fassung zu bringen vermochte.

Erst als eines sonnigen Nachmittags ganz keck ein Nachbar zu ihm schlüpfte, um ihn galant zu fragen: „Wie wäre es denn mit einem ***Neu***beginn?“, verlor er ***komplett*** die Contenance – und verwies ihn augenblicklich des Sarges!

DER BISCHOF AUF DER PAUKE ODER DIE GEHEIMNISSE DER KIRCHE

Als Maestro Fortunato Pulcinelli endlich zum Dirigat eines via Satellit in die ganze Welt ausgestrahlten Galakonzerts mit der „Symphonie mit dem Paukenwirbel“ ansetzte, rieb er sich vorsorglich doch zunächst noch die Augen.

Denn auf der Pauke thronte Erzbischof Emilio Schnagigolo – der sich, ein Kreuz in der erhobenen Hand, beharrlich weigerte herabzusteigen, ehe man ihm formell erlaubte, sich ins Hauptscheinwerferlicht am Dirigentenpulte zu begeben, wo er sich nun unter befremdetem Kopfschütteln des fassungslosen Auditoriums feierlichst seines sakralen Festgewandes entledigte.

In einer tags darauf eiligst einberufenen Pressekonferenz fand sich der Bestürmte jetzt immerhin auch bereit, den ***Grund*** für sein eigentümliches Verhalten zu erläutern: Er gedachte das Licht der Weltöffentlichkeit zu nutzen, um eine möglichst ***stattliche*** Zahl von Ungläubigen, Zweiflern und Suchenden in die „Geheimnisse der Kirche“ einzuweihen.

Er trug nämlich am Vorabend keine Unterwäsche.

DER LEDIGE SARG

Ein Sarg beschloss, so lange konsequent allein zu bleiben, bis er die „Richtige“ gefunden hätte.

Als dies aber in Gestalt der Freifrau Speichina von Leck endlich der Fall zu sein schien, stellte sich heraus, dass sie bloß ***schein***tot gewesen war.

Da er sich nun keinesfalls weiter gedulden wollte, bis sie irgendwann ***wirklich*** den Geist aufgab, warf er sie vergrämt und beleidigt hinaus und gelobte sich, den Rest seiner Tage ***definitiv*** ledig zu bleiben!

DER LEIDIGE SARG

Von Anbeginn hatte Mrs. Majorie Dorfmunder ihren Sarg als äußerst ***leidig*** empfunden. Schließlich war sie nicht einmal gefragt worden, ob sie mit einer solchen Partnerwahl überhaupt ***einverstanden*** sei.

Eines Nachts nun reichte es ihr endgültig – und sie verließ ihn heimlich, um sich einen ***anderen*** zu suchen.

Fündig wurde sie jedoch bis heute nicht …

DER SARGDOKTOR

Dr. Florimundi Tollwein verordnete jedem Patienten kurz und bündig einen ***Sarg*** – denn diesen würde er früher oder später sowieso benötigen, warum also sein Leiden nicht abkürzen?

Eines Tages jedoch rückte ein mysteriöser, über „Empfehlung" erschienener Besucher gleich selber mit einem solchen an. „Umso besser – erspare ich mir die lästige Schreiberei!", war der Doktor voll des Lobes.

Leider hatte er aber den Fall gründlich missverstanden – war doch der Sarg für ***ihn*** bestimmt!

Und als er dies endlich realisierte, war er ohnehin bereits jedweder Schreiberei entbunden …

DER SARGGURU

Der weithin geachtete Guru Prof. Manfredini Hintertopf brachte zu jeder seiner wild umjubelten Unterweisungen einen ***Sarg*** mit – um seinen Schülern und Aposteln zu verdeutlichen, was ihnen dereinst bevorstünde, wenn sie ***nicht*** auf ihn hörten.

Sollte es sie aber dennoch irgendwann „ereilen", ***obwohl*** sie brav auf ihn gehört hatten – dann würden sie mit Sicherheit allerhöchste und absolute ***Erfüllung*** finden darin!

Und dieses war das ***Herzstück*** seiner Lehren.

DER LEDIGE MORD

Ein Mord legte ***allergrößten*** Wert auf seine Unabhängigkeit und blieb daher sein ganzes Leben ledig.

Zum Vorbild eignet er sich freilich – trotz des vernünftigen Ansatzes – dennoch nicht.

DER VERHEIRATETE MORD

Ein Mord war überaus stolzer Gatte und Familienvater – und nahm seine „Lieben“ zur aktiven Unterstützung jeder Untat ***mit***.

So viel zum „Segen einer Familie“ …

DER GESCHIEDENE MORD

„Man hört bekanntlich am besten ***dann*** auf, wenn es gerade am schönsten ist!“

Bedauerlicherweise bezog ein Mord dies ***ausschließlich*** auf die überfällige Beendigung seiner ***Ehe*** …

DER VERWITWETE MORD

Erst nach dem Tod seiner langjährigen Gemahlin fand ein Mord sich endlich bereit, seine eigene Existenz komplett zu hinterfragen.

Wahrlich unglaublich, dass manche Leute partout nicht ***vorher*** dazu gewillt sind …

DIE ERWARTETEN

„Alle Passagiere, die mit Zug 465 zurückerwartet werden, mögen den Anweisungen des Bahnpersonals strikt Folge leisten und sich unverzüglich in die Quarantänestation begeben, da andernfalls unerwartete Konsequenzen zu erwarten wären!"

„Dort sind sie ohnehin viel besser aufgehoben!", schoss es Mrs. Vivienne Kreuz-Fidel durch den Kopf, als sie die Lautsprecheransage auf dem Bahnsteig vernahm.

„Aber wenigstens konnten sie zuvor ihren Urlaub noch genießen!", ergänzte sie ein wenig liebevoller – ehe sie sich erleichtert ***ohne*** ihre Verwandtschaft auf den Heimweg machte.

DIE ENTARTETEN

Von ***niemandem*** auf Erden erwartet,
galten zwei weise Magier als ***entartet***.

Hätte man sie ein wenig ***besser*** gekannt
– man hätte bloß ***selber*** sich so genannt!

DIE BEIDEN HALBTAGSAFFEN

Sicher ein wenig geringschätzig pflegte Madame Geneviève Spreizfinger ihren Gemahl Vaudemont als „Nachtaffen“ zu bezeichnen – weil er immer nur nachts zu ihr ins Bett stieg, was ihr längst nicht mehr genügte.

Und sie legte sich daher in Gestalt des Barons Damien Vogelhaus zur Ergänzung einen „Tagesaffen“ zu.

Als sie aber die zwei „Halbtagsaffen“ auch noch zusammenbrachte, um ihren Konkurrenztrieb anzufachen, verkalkulierte sie sich leider völlig:

Die beiden ***heirateten***, um endlich ***eins*** zu werden. Und in diesem Zustande brauchten sie auch keine Madame mehr!

DIE FREUNDLICHE VISION

Eine überaus ***freundliche*** Vision wurde Señorita Annalisa Hauswurm zuteil. Sie fand sich inmitten eines friedlichen, blühenden Kornblumenfeldes.

Und dass sie tot war hierbei, schien ihr am ***aller***freundlichsten daran – ***ersehnt*** sie doch diesen Zustand seit ihrer Geburt vor 190 Jahren.

Ob er ihr wirklich jemals vergönnt sein wird?

DAS VERRAUCHTE GESCHÖPF

Ein verrauchtes Geschöpf paffte den ganzen lieben Tag lang Zigarren, sodass man es bald ***selbst*** für eine solche – wenn auch etwas unförmige – hielt. Doch entsprach dies durchaus seiner Absicht, denn es wollte zum krönenden Abschluss seines Lebens ***selber*** geraucht werden.

Und erst als sich endlich jemand seiner erbarmt hatte und es wirklich völlig verraucht war, sah es seinen Daseinszweck erfüllt – und stieg befriedigt auf.

Um bald darauf als ***Pfeife*** zurückzukehren – die ihr Inhaber, Monsignore Silvestro Grauwiesel, allerdings nur einmal jährlich, zu Heiligabend aus der Vitrine holte.

Dazwischen hatte es nun reichlichst Muße, über die ***Natur*** des Rauchens zu sinnieren …

DER GRAUE SCHATTEN

Ein grauer Schatten lungerte an einer Hausecke herum.

„Haben Sie keine ***Wohnung***?“, fragte ihn Amtsrätin Irina Sperrsitz barsch – worauf er ihr bloß wortlos sein Hinterteil zuwandte.

Da nahm sie ihn sogleich freudigst mit in ***ihre*** Wohnung.

DIE UNBERÜHRBAREN

In der Absicht, endlich ihre neuen Schuhe auszuführen, musste Mademoiselle Susette Besenheimer fassungslos feststellen, dass diese jetzt offenbar nicht mehr gewillt waren, sich berühren zu lassen. Sooft sie Derartiges versuchte, hüpften sie einfach davon – sodass es ihr nicht einmal möglich war, sie im Geschäft auszutauschen.

Als sie dennoch dort erschien, um den Sachverhalt zu schildern, verständigte man sogleich die Psychiatrie.

Worauf nun ***sie*** lieber eiligst davonhüpfte …

DAS MISSRATENE GESCHÖPF

Ein missratenes Geschöpf half der ***wohl***geratenen Miss Henny Scherbelmeyer beim Einkauf und trug ihr alles artig bis zum Wagen – mit dem es dann freilich ***allein*** davonbrauste, um ihn anschließend zu verscherbeln.

Den Erlös bot es ihr nun als „Mitgift" im Falle ihrer Ehe – und da sie wenigstens einen Teil des Geldes retten wollte, willigte sie notgedrungen ein.

Just am Hochzeitstage besann sich das Geschöpf aber doch noch anders, ließ sie sitzen – und heiratete den Autohändler.

So sparte es die Mitgift und hatte obendrein den Wagen wieder.

DAS PÄPSTLICHE BAUCHWEH

Papst Florentinus der Blumige hatte Bauchweh und rannte bittend und betend im Vatikan umher, um nur ***ja*** nicht jenes „schreckliche, ***un***päpstliche Örtchen" aufsuchen zu müssen.

Es half nichts, der Weg in die Niederungen der Existenz wurde ihm offenbar als Zeichen der Demut abverlangt.

Denn normalerweise verrichtete Seine Heiligkeit ihre heiligen Geschäfte nachts im ***Bette***, während des heiligen Schlafs.

Was natürlich um ***vieles*** päpstlicher war.

DER WATTEPRINZ

Prinzessin Miranda besaß einen Prinzen ganz aus Watte – mit dem sie anstellen konnte, was immer sie wollte.

Sich auf ihn legen, in ihn hineinkuscheln, in ihm verkriechen – oder ihn sogar, mit Zucker bestreut, vernaschen.

All das hätte sie mit ihrem ***leibhaftigen*** Prinzen Balduro natürlich ***niemals*** gekonnt und gedurft. Mindestens solange er noch am Leben war.

Danach freilich benötigte sie ***keinen*** Watteprinzen mehr …

DIE STAATENLOSE LEICHE ODER

DIE NEU GEWONNENE EHRENBÜRGERIN

Eine staatenlose Leiche wurde beim illegalen Überschreiten der Landesgrenze aufgegriffen.

Da man nun beim besten Willen nicht wusste, ***wohin*** sie abzuschieben wäre, damit alles völlig rechtens und in Ordnung sei, machte man aus der Not eine Tugend – und sich selbst alle Ehre:

Man verlieh ihr die Ehrenbürgerschaft und ließ sie feierlich und voller Stolz in einem ***Ehren***grabe beisetzen!

DER PÄPSTLICHE FLEGEL

Papst Stockfisch der Gloriose beschäftigte einen Flegel, Baron Hauruck von Kreuzbein, der sich als Mitbesucher in die Audienzen drängte, um diese dann durch rüpelhaftestes Betragen ganz gehörig aufzumischen und zu ***verkürzen***.

Immer dreister und unverschämter wurde der Baron bei seinen Auftritten – und als sein Auftraggeber einmal nicht pünktlich zu einem Empfang erschien, schlüpfte er einfach in dessen Maske und nahm seine Stelle ein.

Dabei bewährte er sich allerdings so trefflich, dass er über allerheiligsten Wunsch des Originals mit diesem ***überhaupt*** die Rollen tauschte. Zunächst für die Dauer der Besuche – während derer sich der Pontifex nun endlich einmal ungeniert ***austoben*** konnte, wobei er seinen Vorgänger noch glatt in den Schatten stellte.

Und zutiefst erfüllt von seiner neuen „Aufgabe“, eignete er sie sich bald ***völlig*** an und trat ***nur mehr*** als Flegel in Erscheinung.

Selbst als sein heiliger Vertreter seinen unheiligen Geist aufgab und mit allen unverdienten Ehren beigesetzt wurde, war er nicht bereit, sein Inkognito zu lüften, sondern wirkte nunmehr als schlichter „Volksflegel“ desto ***enthemmter*** weiter – bis er nach dem eigenen Tode in einem „Armer-Sünder-Grab“ landete.

Doch dies war ihm der Spaß wert gewesen. Und noch von drüben sendet er geheime Botschaften an seine päpstlichen Nachfolger, wie auch sie sich ihr Amt erleichtern können – die auf durchaus ***fruchtbaren*** Boden fallen …

DER PÄPSTLICHE HOFNARR

Ständig behindert und gegängelt durch die Intrigen und Machenschaften seiner Kardinäle, fühlte sich Papst Zuckernudel der Galante am Ende als „Hofnarr im eigenen Palaste“.

Für diese Einsicht hätte er sich wenigstens ***jetzt*** noch eine Heiligsprechung verdient!

DER LEIDIGE MORD

Ein Mord wurde als derart ***leidig*** empfunden, dass man bei jeder Begegnung gleich einen ***doppelten*** Bogen um ihn zog.

Nur hatte er einen da mit ***dreifacher*** Geschwindigkeit ohnehin längst eingeholt!

DER ANGENEHME MORD

Ein Mord war so angenehm, dass sich jeder äußerst ***gerne*** von ihm streicheln, liebkosen und – einschläfern ließ.

Nicht wissend freilich, dass er danach nicht mehr erwachte …

DER HEHRE MORD

Der mit allen erdenklichen Ehren versehene, höchstdekorierte Veteran General Humbley Schnalzrüssel bekannte in seinen mit Spannung erwarteten „Freimütigen Memoiren", dass ihm in Ausübung seiner Dienste bei der Armee stets der „hehre Mord" als Vorbild gedient hatte.

Denn andernfalls wäre er wohl schwerlich in der Lage gewesen, die „Feinde der Nation" derart ruhm- und ***zahlreich*** zu eliminieren.

Umgehend wurden ihm daraufhin von Staats wegen sämtliche Auszeichnungen wieder entzogen und sein Name aus allen Archiven getilgt.

Nachdem er in der Öffentlichkeit noch ausgiebigst als „zutiefst abschreckendes Beispiel eines senilen und vertrottelten Greises" gebrandmarkt worden war.

DER VORBILDLICHE MORD

Ein Mord galt als geradezu „vorbildlich“.

Denn er war in jeder Hinsicht derart abscheulich und abstoßend gewesen – dass sich wahrlich niemand ihn ***nachzuahmen*** getraute.

Was auf die meisten seiner Kollegen eben leider ***nicht*** zutrifft …

DER ELASTISCHE TOD

Der überaus rührige Vicomte Gabin Hinterzopf gestaltete seinen Tod so elastisch, dass er jederzeit wieder ins Leben zurückwechseln konnte. Diese Tür wollte er sich unbedingt offenhalten – falls ihn Langeweile drüben überkäme.

Da er mittlerweile von ***beiden*** Dimensionen ein wenig saturiert scheint, übt er sich nun im „freien Gleiten" ***zwischen*** den Stadien – worin er schon jetzt wahre Meisterschaft erreicht hat.

Man darf gespannt sein, was er tun wird, wenn er auch ***dessen*** überdrüssig ist.

DER VERWINDELTE PAPST

Immer wieder mal fanden Gläubige in Rom sonntags vor der Kirchenpforte einen vermeintlich ausgesetzten, seltsam groß geratenen „Säugling“, der so sehr „verwindelt“ war, dass man kaum etwas von ihm sah.

Nachdem sie ihn dann voller Erbarmen mit nach Hause nahmen, um seine Windeln zu wechseln, mussten sie unendlich verblüfft feststellen, dass sie Papst Windwurm den Stürmischen vor sich hatten – der auf diese höchst wirksame Weise die ***Tuchfühlung*** mit der Christenheit zu intensivieren gedachte.

Gleichwohl sollen die meisten Betroffenen nach seinen Windeln auch ihren ***Glauben*** gewechselt haben …

DER SARGPARTNER

Des Alleinliegens im geräumigen Luxussarg seines mondänen Schlafzimmers müde, annoncierte Sir Alec Blaufuß nach einem Partner.

Als sich jedoch ausschließlich bereits „Hinübergewechselte" meldeten, war er außer sich vor Entrüstung: „Glauben die allen Ernstes, ich steige mit einem ***Toten*** in einen Sarg?!"

Und nach kurzer Bedenkzeit empfing er sie ***alle***.

DER BADESARG

Signorina Irina Hauspilz nahm ihr Bad stets in einem Sarg. So gedachte sie sich auf wohlige und entspannte Weise ganz allmählich auf die Zeit ***danach*** vorzubereiten.

Denn in einem ***trockenen*** Sarg hätte sie unweigerlich Angst zu ***verdursten*** gehabt!

DIE UNFRISIERTE KREATUR ODER

DER BRAUTRAUB

Eine unfrisierte Kreatur erschien an einer Hochzeitstafel
und riss dem Bräutigam die Braut weg, ohne Geschwafel.

Sie brachte sie auf ihr mondänes Schloss,
was die Entführte ganz zusehends genoss.

Begann sich dort gar zu frisieren
und als ***liebreizend*** zu gerieren,
sodass die Braut bald höchsten Gefallen fand
und einer ***neuen*** Heirat nichts im Wege stand!

LEICHEN ALLER ART

Doktor Schlehmil Steckbein besaß einen eigenen Friedhof und handelte mit Leichen aller Art.

Die Nachfrage war enorm. Denn da die Leute immer älter wurden und daher immer ***länger*** auf ihren eigenen Übergang zu warten hatten, schafften sie sich eben fremde Leichen an, um ihre Ungeduld etwas zu zähmen und möglichst ***beizeiten*** mit dem späteren Zustand vertraut zu werden.

Und wenn sie dann ***endlich*** gestorben waren, verhökerten sie die nicht mehr benötigten Exemplare auf dem blühenden Schwarzmarkt – und boten sich ***selbst*** als „Handelsobjekt" feil.

DIE SARGHOCHZEIT

Zu ihrer ungemeinen Überraschung fanden sich die einander gänzlich unbekannten Signora Tamara Lindwurm und Mrs. Agnes Papststurm in ein und demselben Sarge wieder.

Sie deuteten dies sogleich als Wink des Schicksals – und besiegelten ihre Zweisamkeit, indem sie ohne weitere Formalität heirateten.

Ob sie diesen Schritt jemals als allzu ***voreilig*** bereuten, ist – wie in so vielen anderen Fällen – leider nicht mehr nachprüfbar.

DIE STIMME AUS DER MAUER

Als Monsieur Jérôme Drosselfink abends nach Hause kam, erschrak er ganz gewaltig. Aus der Mauer im Vorzimmer meldete sich eine resolute Stimme, die ihm irgendwie bekannt schien:

„Bonsoir – achte jetzt ***genau*** auf meine Worte! Ich beabsichtige, drei Wochen lang meinen Urlaub hier zu verbringen und wünsche während dieser Zeit möglichst wenig gestört zu werden. Dass ***du*** dich in der Wohnung aufhältst, ist in Ordnung; allerdings untersage ich dir für die Dauer meines Aufenthalts ***jegliche*** Art von Besuch. Auch rate ich dir in ***deinem*** Interesse, niemandem von mir zu erzählen und dich tunlichst ***ruhig*** zu verhalten, insbesondere das Vorzimmer nur auf Zehenspitzen zu durchqueren sowie Fernsehen und andere Lärmquellen in geringster Lautstärke zu konsumieren. – Vor allem aber:
Stelle keine Fragen!“

Worauf der so Gemaßregelte den zaghaft geöffneten Mund rasch wieder schloss. Und da die Stimme beileibe nicht den Eindruck erweckte, mit sich spaßen zu lassen, zog er es vor, sich ihren Anordnungen zu fügen – und verhielt sich ab sofort wie ein geheimer Untermieter.

Am Morgen nach Ablauf der Periode fand er auf dem Vorzimmertischchen folgende Nachricht vor:

> „Du hast deine Prüfung mit Vorzug bestanden – wir scheiden als Freunde.
> Vielleicht kehre ich nächstes Jahr wieder! – Deine Stimme“

Da durchfuhr es ihn eiskalt. Er versuchte, sich zu räuspern oder irgendeinen Ton von sich zu geben. Vergebens: Er hatte keine Stimme mehr!

DER GRAZIÖSE MORD

Ein Mord war so graziös, dass man ihm gar nicht ansah, was er war.

Verständlich, dass er immer ***noch*** graziöser und damit ***noch*** „erfolgreicher“ wurde …

DER SARG DES HERRN

Seinen Erben gründlichst misstrauend, entschloss sich Herr Radoletto Graumuck, lieber schon ***vor der Zeit*** einen wirklich ***gediegenen*** Sarg in Auftrag zu geben, der keine Wünsche offenlassen sollte.

Die Fertigung des Prunkstücks beim renommierten Tischler Arminio Rüpelsack erstreckte sich über ein Jahr, da immer wieder neue Einfälle berücksichtigt werden mussten. Während dieser Zeit war es natürlich unvermeidlich, dass ***andere*** Kunden beim Besuch der Werkstatt das markante Möbel neugierig beäugten und nach seinem Inhaber fragten.

Der für sein chronisch-schlechtes Namensgedächtnis bekannte Meister versuchte sich anfangs noch redlich „Das ist der Sarg des Herrn …“ abzuringen, was er aber schon bald zu „Das ist der Sarg des ***Herrn***!“ verkürzte.

Dessen Planung indes hätte exakter nicht sein können, denn kurz nach Vollendung seines künftigen Domizils verschied der „Herr“ auch schon – von dem sich nun allerdings herausstellte, dass er in Wahrheit eine ***Dame*** gewesen war.

Und als dann zwei Bestattungsmitarbeiter mit den Worten: „Ist das der Sarg von Fräulein Graumuck?“ bei seinem Schöpfer erschienen, stellte der sich ihnen in heller ***Empörung*** entgegen: „Was fällt Ihnen ein! Das ist der Sarg des ***Herrn***!!“

Um diesen hernach äußerst widerwillig und zögerlich freizugeben. Und nicht, ohne sich bekreuzigt und ein Stoßgebet verrichtet zu haben!

ZWEI HERREN IM SARG

Hofrat Tintoretto Senfkuss und Amtsrat Anselmo Mondgruß trafen einander seit Jahren regelmäßig zu einer Schachpartie in einem Sarg.

Eines Abends jedoch erschien der Hofrat nicht mehr. Sein Partner wartete und wartete – bis er zur inneren Gewissheit gelangte: „Er muss wohl verstorben sein! – Mein Gott, was mache ich denn bloß ***allein*** im Sarg?“, rief er zutiefst bestürzt.

Da kam ihm ein genialer und rettender Einfall: Er starb ***ebenfalls***!

DER EIFERSÜCHTIGE SARG

Marquise Florette Mondsack war von ihrem zukünftigen Sarge so besessen, dass sie sogar spazieren mit ihm ging – sie führte ihn wie einen Hund an der Leine.

Die Leute bewunderten ihn, doch wenn ihn jemand streicheln wollte, erwachte ihre Eifersucht: „Vorsicht, er beißt!“

„Dann kaufen Sie ihm gefälligst einen Beißkorb!“, konterte der überaus elegante Baron Gaston Selchbein, während er weiterging – um ihr dann noch nachzurufen: „Übrigens – ***meiner*** beißt ***nicht***!“

Zutiefst beeindruckt von dieser Enthüllung, ließ sie die Leine kurzerhand los, eilte dem Kessen hinterher – und unterbreitete ihm einen formellen Heiratsantrag.

Worauf der Sarg ***ihr*** nachlief – und sie ***wirklich*** biss.

DER SMARTE MORD

Ein Mord war so smart, dass er es gar nicht nötig hatte, sich irgendwelche läppischen Opfer zu suchen.

Die Leute ***scharten*** sich geradezu um ihn – und ließen für eine ***einzige*** Berührung mit ***Leidenschaft*** ihr Leben!

Printed by Books on Demand GmbH, Norderstedt / Germany